Matthias Fiedler

Introducció al mercat immobiliari innovador: aconsegueixi una gestió immobiliària senzilla

Portal de gestió immobiliària: la manera d'aconseguir una gestió immobiliària eficient, senzilla i professional gràcies a un portal innovador de mercat immobiliari

Peu d'impremta

1.Edició impresa | febrer 2017
(Publicat originalment en alemany el desembre de 2016)

© 2016 Matthias Fiedler

Matthias Fiedler
Erika-von-Brockdorff-Str. 19
41352 Korschenbroich
Alemanya
www.matthiasfiedler.net

Producció i impressió:
Consulteu la última pàgina

Disseny de la coberta: Matthias Fiedler
Elaboració del llibre electrònic: Matthias Fiedler

ISBN-13 (paperback): 978-3-947184-56-9
ISBN-13 (llibre electrònic): 978-3-947128-22-8
ISBN-13 (llibre electrònic epub): 978-3-947128-23-5

Informació bibliogràfica de la Biblioteca Nacional d'Alemanya: La Biblioteca Nacional d'Alemanya ha registrat aquesta publicació a la Bibliografia nacional; les dades bibliogràfiques detallades les podeu trobar a internet a http://dnb.d-nb.de.

RESUM

Aquest llibre presenta un concepte revolucionari per a un portal de gestió immobiliària mundial (app, aplicació), presenta el càlcul de les vendes considerables potencials (en mils de milions d'euros) i el programari a integrar, destinat a agents immobiliaris, que facilita la taxació de les propietats (billons d'euros potencials).

Tot això proporciona una gestió ràpida i eficient de les propietats immobiliàries residencials i comercials tant per lloguer com per compra i venda. Es tracta del futur de la gestió del mercat immobiliari de forma innovadora i professional per a tots els agents immobiliaris i tots els interessats en el mercat. Aquesta gestió immobiliària podria funcionar pràcticament a tots els països, també en el cas de les transaccions entre països.

En lloc d'«assegurar» els bens immobles als compradors o als llogaters, mitjançant el portal de gestió immobiliària els interessats en el sector poden classificar-se (perfil de cerca) per tal de comparar-se i fer negocis amb altres intermediaris de bens immobles.

CONTINGUT

PRÒLEG

L'any 2011 vaig reflexionar i desenvolupar les idees aquí descrites sobre la gestió immobiliària innovadora.

He estat actiu al mercat dels bens immobiliaris des de 1998 (entre altres com a gestor immobiliari, gestor de compra i venda, de lloguer i com a desenvolupador de terrenys). Entre d'altres sóc agent immobiliari (IHK), diplomat en economia immobiliària (ADI) i perit de taxació de bens immobles (DEKRA), així com membre d'associacions immobiliàries internacionalment conegudes, com ara Royal Institution of Chartered Surveyors (MRICS).

Matthias Fiedler
Korschenbroich, el 31/10/2016
www.matthiasfiedler.net

1. Introducció a la gestió innovadora del mercat immobiliari: com aconseguir una gestió immobiliària senzilla

Portal de gestió immobiliària: com aconseguir una gestió immobiliària eficient, senzilla i professional gràcies a un portal de mercat immobiliari innovador

En lloc d'«assegurar» els bens immobles als compradors o als llogaters, mitjançant el portal de gestió immobiliària (app, aplicació) els interessats en el sector poden classificar-se (perfil de cerca) per tal de comparar-se i fer negocis amb altres intermediaris de bens immobles.

2. Objectiu dels interessats en el mercat immobiliari i objectiu dels venedors

Des de la perspectiva del venedor de bens immobiliaris i dels propietaris, és important vendre o llogar la seva propietat ràpid i amb el màxim preu possible.

Des de la perspectiva dels interessats en la compra i el lloguer és important poder trobar un immoble que s'ajusti a les seves necessitats de forma tan ràpida i senzilla com sigui possible.

3. Precedents del procediment per a la cerca immobiliària

Habitualment els interessats busquen immobles en la regió desitjada mitjançant els principals portals immobiliaris de la xarxa. Mitjançant la creació d'un perfil de cerca breu poden rebre per correu electrònic una llista dels immobles amb els enllaços corresponents. Habitualment aquesta cerca es du a terme en 2 o 3 portals immobiliaris. A continuació el venedor acostuma a posar-se en contacte amb el comprador mitjançant correu electrònic. D'aquesta manera el venedor compta amb l'opció de posar-se en contacte amb els interessats, a més de la seva autorització per a fer-ho.

A continuació es posen en contacte amb els agents immobiliaris de les regions en qüestió i s'hi presenten els perfils de cerca.

Els venedors dels portals immobiliaris gestionen tant les vendes privades com les comercials. Els venedors comercials acostumen a ser agents immobiliaris i, en part, constructores, agents de la propietat immobiliària i altres empreses relacionades amb el sector immobiliari (formalment els venedors comercials es consideres agents immobiliaris).

4. Inconvenients de la venda privada / avantatges del mercat immobiliari

En el cas de la compra immobiliària mai no es pot assegurar una venda immediata als venedors privats, per exemple, en el cas d'un immoble heretat podria ser que no hi hagués acord entre els hereus o que no existís un certificat de successió. A banda de les qüestions legals per resoldre que podrien complicar una venda, com ara el dret d'habitabilitat.

En el cas dels immobles de lloguer podria passar que els llogaters privats no acceptin les regulacions oficials i, per exemple, lloguin una propietat comercial (o una superfície industrial) com a habitatge.

Es agents immobiliaris que són eficients com a venedors habitualment han d'explicar aquests aspectes. D'altra banda, és habitual que s'encarreguin d'enllestir tota la documentació rellevant relativa al immoble (planta, plànol, certificació energètica, cadastre, documentació oficial, etc.). D'aquesta manera s'aconsegueix una venda o un lloguer de forma ràpida i sense complicacions.

5. Gestió immobiliària

Per aconseguir un acord ràpid i eficient entre els interessats i els venedors o els llogaters, habitualment és important oferir un plantejament sistemàtic i professional.

Això pot aconseguir-se mitjançant un procediment orientat en el sentit contrari, és a dir, el desenvolupament de les cerques i les troballes entre els gestors immobiliaris i els interessats. És a dir, en lloc d'«assegurar» els bens immobles als compradors o als llogaters, mitjançant el portal de gestió immobiliària (app, aplicació) els interessats en el sector poden classificar-se (perfil de cerca) per tal de comparar-se i fer negocis amb altres intermediaris de bens immobles.

El primer pas és la creació d'un perfil de cerca concret al portal de gestió immobiliària per part dels interessats. Aquest perfil de cerca inclou unes 20 característiques. Les següents característiques (no és una enumeració exhaustiva), entre d'altres, són importants per al perfil de cerca.

- Regió/ codi postal/ població
- Tipus d'objecte
- Mida del terreny
- Superfície habitable
- Preu de venda o lloguer
- Any de construcció
- Pis
- Nombre d'habitacions
- Llogat (sí/ no)
- Soterrani (sí/ no)
- Balcó o terrassa (sí/ no)
- Tipus de climatització
- Plaça d'aparcament (sí/ no)

A aquest respecte és important no introduir les característiques des de zero sinó escollir-les fent clic a les opcions del menú desplegable predefinit per a cadascuna de les característiques o opcions (per exemple tipus d'objecte: pis, casa unifamiliar magatzem, oficina...).

De forma opcional els interessats poden crear altres perfils de cerca. Els perfils de cerca poden modificar-se.

A més els interessats han d'incloure totes les dades de contacte en el camp predefinit. Aquestes dades són nom, cognom, carrer, número, codi postal, població, telèfon i correu electrònic.
En aquest context els interessats han de donar el seu consentiment per a que els agents immobiliaris els enviïn les propietats adequades i s'hi posin en contacte.

D'aquesta manera els interessats poden tancar amb els gestors un contracte dins del portal de gestió immobiliària.

El següent pas és la incorporació dels perfils de cerca dels agents immobiliaris connectats a una interfície de programació (API, Application Programming Interface), semblant a la interfície de programació «openimmo» d'Alemanya, que encara no és consultable ni està disponible. Relatiu a aquest punt és necessari fer notar que la interfície de programació, que en la pràctica és clau per aconseguir la implementació, ha de ser compatible amb qualsevol programari actiu en el mercat immobiliari per poder facilitar la transmissió. En cas que no sigui així, com a mínim ha de ser tècnicament possible. Com que ja existeixen interfícies de programació en ús, com la ja anomenada «openimmo» entre d'altres, ha de ser possible dur a terme una transferència dels perfils de cerca entre aquestes.

D'aquesta manera els agents immobiliaris poden comparar amb els perfils de cerca la seva posició per tal de gestionar els immobles. Per a aconseguir-ho s'ha d'importar el immoble al portal de gestió immobiliària i s'han d'introduir i sincronitzar les seves característiques.

Un cop que s'hagin sincronitzat els resultats obtindrà una concordança amb els resultats corresponents, indicada en un tant per cent. A partir d'una concordança del 50 %, per exemple, els resultats dels perfils de cerca s'hi mostren al programari de gestió immobiliària.

Les característiques individuals s'hi ponderen (sistema de punts), de manera que després de cada sincronització de les característiques s'hi mostra un tant per cent de concordança (probabilitat de correspondència). Per exemple, la característica «Tipus d'objecte» té una ponderació més alta que la característica «Superfície habitable». A més es poden seleccionar algunes característiques (per exemple, soterrani), de manera que siguin imprescindibles per a la cerca.

En dur a terme la sincronització de característiques per a la concordança només s'han de tenir en compte els resultats que corresponen als gestors immobiliaris de l'àrea de cerca desitjada (i seleccionada). D'aquesta manera pot facilitar-se la tasca de sincronització de dades. Això és especialment important perquè és habitual que els agents immobiliaris operin a nivell regional. – Cal tenir en compte que és possible dur a terme un emmagatzemamament i processament massiu de dades gràcies a l'anomenat «núvol».

Per poder assegurar la professionalitat de la intermediació immobiliària, només tenen accés als perfils de cerca els gestors immobiliaris.

D'aquesta manera els gestors immobiliaris poden tancar un contracte amb els usuaris del portal de gestió immobiliària.

Després de cada sincronització i de cada concordança els gestors immobiliaris han de posar-se en contacte amb els interessats i, també en el sentit contrari, els interessats han de posar-se en contacte amb els gestors immobiliaris. Això també implica que si el gestor immobiliari ha enviat un resum als interessats existeix la possibilitat de documentar la resposta del gestor a la corredoria en cas que s'hi produeixi una venta o un lloguer.

Això suposa que l'agent immobiliari per part del propietari (venedor o llogater), s'encarrega de la mediació del immoble amb l'autorització prèvia del propietari.

6. Àmbit d'aplicació

El programari de gestió immobiliària que presentem és aplicable al lloguer i la compravenda de immobles, al sector de l'habitatge i dels immobles amb finalitat comercial. En el cas dels immobles amb finalitat comercial a més s'han de complir diverses característiques addicionals.

Un interessat també pot ser un gestor immobiliari, com succeeix en la pràctica, si realitza aquesta activitat en nom de clients actius.

Des d'una perspectiva espacial, el portal de gestió immobiliària podria emprar-se en pràcticament qualsevol país.

7. Avantatges

Aquest sistema de gestió immobiliària proporciona grans avantatges als interessats pel fet que poden cercar, per exemple, immobles aplicant el filtre de la seva regió (el seu lloc de residència) o, en cas que calgui per motius professionals, en altres ciutats i regions.

Només han de crear el seu perfil de cerca un cop per tal de rebre dels gestors immobiliaris informació sobre els immobles de la regió especificada que s'ajustin a les seves característiques de cerca.

També suposa grans avantatges pels gestors immobiliaris, com ara l'eficiència i l'estalvi de temps per aconseguir la compra i el lloguer d'immobles.

Podran rebre immediatament una visió general del potencial i dels possibles interessats concrets per cadascun dels immobles que tenen disponibles.

D'altra banda, els gestors immobiliaris poden apel·lar directament als seu públic objectiu, que és aquell que en crear el seu perfil de cerca ha introduït dades concretes sobre el immoble que cerca (per exemple, mitjançant l'enviament d'informació sobre immobles).

D'aquesta manera s'aconsegueix augmentar la qualitat del primer contacte dels interessats ja que aquests saben què busquen. Això permet reduir el nombre de visionats posteriors. – De la mateixa manera que es redueix el període total necessari per aconseguir la comercialització en el cas dels immobles amb intermediaris.

En conclusió, gràcies a les visites des interessats als immobles que compten amb intermediaris s'aconsegueix, sempre que és possible, la compra o el lloguer.

8. Exemples de comptabilitat (potencial) – només per pisos i cases d'ús propi (excloent-hi pisos i cases en lloguer, així com locals comercials)

El següent exemple mostra el potencial del portal de gestió immobiliària.

En una zona d'influència amb uns 250 000 habitants, com la ciutat de Mönchengladbach, hi ha estadísticament al voltant de 125 000 habitatges (2 habitants per habitatge). La taxa mitja de reubicació és de prop del 10 %. Per tant es produeixen 12 500 trasllats anuals. – Per aquest càlcul no s'ha considerat el saldo entre habitants entrants i sortints de Mönchengladbach. – D'aquests cerquen al voltant de 10 000 (80 %) un habitatge de lloguer i al voltant de 2500 (20 %) un habitatge de compra.

Tenint en compte l'informe sobre el mercat de bens immobles de la comissió tècnica de qualificació de la ciutat de Mönchengladbach, el 2012 s'hi van produir 2613 adquisicions d'immobles. D'aquesta manera es confirma la xifra de 2500 compradors, ja nomenada. En realitat hi ha més compradors ja que s'ha de tenir en compte que no tots aquells interessats han trobat l'immoble adequat. S'estima que el nombre de comprador actuals o, més concretament, el nombre dels perfils de cerca, es duplicarà de manera que arribarà al nivell de la taxa mitja de reubicació del 10 %, això es tradueix en 25 000 perfils de cerca. Això implica, entre d'altres, la creació de més perfils de cerca d'interessats al portal de gestió immobiliària.

Cal tenir en compte que experiències prèvies han demostrar que aproximadament la meitat de tots els interessats (compradors i llogaters) han trobat la seva propietat mitjançant gestors immobiliaris, això fa un total de 6250 habitatges.

Però com a mínim el 70 % dels habitatges s'han cercat mitjançant portals immobiliaris a la xarxa, un total de 8750 habitatges (l'equivalent a 17 500 perfils de cerca).

A una ciutat com Mönchengladbach (Alemanya) això suposaria el 30 % de tots el interessats, és a dir, 3750 habitatges (l'equivalent a 7500 perfils de cerca), la creació dels perfils de cerca al portal de gestió immobiliària (app, aplicació) podria generar als gestors immobiliaris clients per als seus immobles mitjançant 1500 perfils de cerca concrets anuals (20 %) interessats en la compra i mitjançant 6000 perfils de cerca concrets (80 %) interessats en el lloguer.

És a dir, amb un temps de cerca mig de 10 mesos i amb un preu suposat de 50 € mensuals per cada perfil de cerca creat pels interessats, es podrien generar 7500 perfils de cerca i una venda potencial de 3 750 000 € anuals a una ciutat amb 250 000 habitants.

Si ho extrapolem a la República Federal d'Alemanya, amb una població aproximada de 80 000 000 habitants, obtenim una facturació potencial de 1 200 000 000 € (1,2 mil milions d'euros) anuals. En cas que en lloc del 30 % dels interessats, fos el 40 % d'aquests qui busqués immobles mitjançant el portal de gestió immobiliària, aquesta facturació potencial augmentaria fins 1 600 000 000 € (1,6 mil milions d'euros) anuals.

Aquesta facturació potencial només contempla els pisos i les cases. El lloguer, en el cas del rèdit immobiliari al sector de l'habitatge i al mateix sector dels locals comercials no s'ha tingut en compte per realitzar el càlcul.

Amb una quantitat de 50 000 empreses a Alemanya en l'àmbit del lloguer d'immobles (incloent-hi constructores, agents immobiliaris i altres negocis relacionats amb el sector immobiliari) amb uns 200 000 treballadors i tenint en compte de forma figurada que un 20 % d'aquestes 50 000 empreses que utilitzessin el portal de gestió immobiliària amb una mitja de 2 llicències, aconseguirien, amb el preu figurat de 300 € mensuals per llicència, una facturació anual potencial de 72 000 000 € (72 mil milions d'euros). D'altra banda, hauria d'haver-hi una quantitat fixa pels perfils de cerca local, de manera que segons la gestió realitzada es podrien generar importants facturacions potencials.

Els agents immobiliaris han de crear el seu propi banc de dades d'usuaris interessats, en cas que estigui disponible, mitjançant aquest gran potencial d'interessats amb perfils de cerca concrets, que ja no s'actualitzarà permanentment. Especialment perquè aquest nombre de perfils de cerca reals és molt probable que sigui superior al dels bancs de dades de molts gestors immobiliaris.

En cas que aquest portal de gestió immobiliària s'apliqués a més països, un comprador d'Alemanya podria crear un perfil de cerca per trobar apartaments vacacionals a la illa mediterrània de Mallorca i els gestors immobiliaris socis de Mallorca podrien posar-se en contacte amb els seus possibles clients alemanys mitjançant correu electrònic. – En cas que la informació constés en castellà no seria un problema ja que avui en dia els interessats poden utilitzar programes de traducció automàtica d'internet per accedir fàcilment a una versió en alemany dels texts.

Per la concordança dels perfils de cerca i perquè els intermediaris puguin superar les barreres lingüístiques, dins del portal de gestió immobiliària es podria sincronitzar cada característica en base a una característica d'idioma programada (matemàticament), de manera que l'idioma s'assigni posteriorment.

En cas que s'utilitzés el portal de gestió immobiliària en tots els continents, la facturació potencial (només per interessats en la cerca) es podria calcular mitjançant una interpolació molt senzilla, com s'hi mostra a continuació.

Població mundial:

7 500 000 000 (7,5 mil milions) d'habitants

1. Habitants de països industrialitzats o parcialment industrialitzats:

    2 000 000 000 (2,0 mil milions) d'habitants

2. Habitants de països recentment industrialitzats:

    4 000 000 000 (4,0 mil milions) d'habitants

3. Habitants en països en vies de desenvolupament:

1 500 000 000   (1,5   mil   milions) d'habitants

El potencial de facturació anual de la República Federal d'Alemanya és de 1,2 mil milions d'euros per 80 milions d'habitants, assumint els següents factors s'ha extrapolat als països industrialitzats, recentment industrialitzats o en vies de desenvolupament.

1. Països industrialitzats: 1,0

2. Països recentment industrialitzats: 0,4

3. Països en vies de desenvolupament: 0,1

Per tant, aquestes són les vendes anuals potencials (1,2 mil milions d'euros x població - països industrialitzats, recentment industrialitzats o en vies de desenvolupament- /80 milions d'habitants x factor).

1. Països industrialitzats:

    30,00 mil milions d'euros

2. Països recentment industrialitzats:

    24,00 mil milions d'euros

3. Països en vies de desenvolupament:

    2,25 mil milions d'euros

Total: **56,25 mil milions d'euros**

9. Conclusions

El portal de gestió immobiliària presentat ofereix la possibilitat de buscar immobles (interessats) i també suposa avantatges significatius pels gestors immobiliaris.

1. Els interessats poden comprovar com es redueix el temps necessari per buscar l'immoble adequat ja que només han de crear un perfil de cerca.

2. Els gestors immobiliaris obtenen una visió general sobre el nombre d'interessats amb dades prou concretes sobre allò que busquen (perfil de cerca).

3. Els interessats només obtenen els immobles rellevants (d'acord amb el seu perfil de cerca) d'entre tota l'oferta disponible al mercat immobiliari (pràcticament es tracta d'una preselecció automàtica).

4. Els gestors immobiliaris poden reduir l'esforç que suposa el manteniment d'un banc de dades individual de perfils de cerca ja que tenen al seu abast de forma permanent un gran nombre de perfils de cerca reals.

5. Com que només poden registrar-se al portal de gestió immobiliària venedors o gestors immobiliaris els interessats compten amb la presència de professionals i habitualment amb experiència.

6. Els gestors immobiliaris poden aconseguir reduir el nombre de visites posteriors i el període de permanència en el mercat dels immobles. Per la part dels interessats també disminueix el nombre de visites i el temps necessari fins arribar a tancar l'acord de compra o de lloguer.

7. El propietari de l'immoble a comprar o llogar també estalvia temps. Per acabar, com que s'aconsegueix de forma més

ràpida la compra i el lloguer també s'aconsegueix una taxa menor de vacants en propietats de lloguer i un pagament més ràpid de l'import de compra d'immobles, així com un interès econòmic.

Amb la realització i l'aplicació d'aquesta idea la gestió immobiliària podria fer un pas endavant significatiu en la mediació immobiliària.

10. Integració del portal de gestió immobiliària en un nou programari de gestió immobiliària que inclou les taxacions dels immobles

Com conclusió, el portal de gestió immobiliària aquí descrit podria ser o serà des del principi un component essencial d'un nou programari de gestió immobiliària, que de forma ideal s'hauria d'emprar a nivell mundial. És a dir, el gestor immobiliari pot utilitzar qualsevol de les propietats del portal de gestió d'immobles amb el seu programari habitual o, idealment, pot utilitzar el nou programari, incloent-hi el portal de gestió d'immobles, com intermediari.

Mitjançant la integració d'aquest portal de gestió immobiliària eficient i innovador en el programari propi es crea un punt de venda molt important per al programari de gestió immobiliària, fet que serà fonamental per a l'expansió al mercat.

Pel fet que en la mediació immobiliària la taxació sempre és i serà un component fonamental el programari de gestió d'immobles ha d'incloure necessàriament una eina per a la taxació. La taxació dels immobles amb els mètodes de càlcul també pot utilitzar dades o paràmetres rellevants dels immobles introduïts o suprimits mitjançant els contactes. Qualsevol paràmetre que no estigués ja representat podria afegir-lo el gestor immobiliari gràcies a la seva experiència en els mercats regionals.

A més el programari de gestió d'immobles ha de proporcionar l'opció d'integrar recorreguts virtuals pels immobles. Això podria aconseguir-se, per exemple, amb la integració duna aplicació simplificada pel telèfon i les tauletes que després de la visita virtual a l'immoble l'incorporen automàticament al programari de gestió immobiliària.

Sempre el que portal de gestió immobiliària eficient i innovador s'integri en un nou programari del mercat immobiliari amb un programari de taxació, aquest augmenta les possibilitats potencials de venda de forma significativa.

Matthias Fiedler

Korschenbroich, el 31/10/2016

Matthias Fiedler

Erika-von-Brockdorff-Str. 19

41352 Korschenbroich

Alemanya

www.matthiasfiedler.net

www.ingramcontent.com/pod-product-compliance
Lightning Source LLC
Chambersburg PA
CBHW071529210326
41597CB00018B/2934